ぷにるんず ずかん

からだが ぷにぷにした いきもの。
ぷにぷにされることが だいすき！ ぷにぷに
たくさんさわって おせわして せいちょうさせよう！

べびぷに → きっずぷに → おとなぷに

べびぷに
べびるん

あかちゃんで
あまえんぼう

きっずぷに
あかるん	きいるん	あおるん
ちょっこり おみみが かわいいね♥	ぼってり ボディが あいらしい♥	まんまる おめめが キュート♪

おとなぷに

あいるん	ともるん	らぶるん	えねるん
ポジティブ！ くいしんぼう♪	ともだちだいすき！ いつもワクワクすることを さがしている	あいらしくて みんなの にんきもの！	とてもげんきで うんどうが とくい！

うるるん	くーるん	かぷるん	るんるん	どうるん	にゃるるん	うたるん	べりるん
なきむしだけど えが とくい♪	いつもクールで キレイずき！	おなかペコペコ たべることが だいすき	まえがみいのち オタかつちゅう！	こまりがおだけど とてもやさしい♪	いつも マイペースで ほっこり！	うたうことが とってもすき♪	いちごが とくちょう オシャレずき♥

ぴよるん	いがるん	すしるん	ぷいるん	うさるん	ひかるん レア	えんじぇるん レア	ゆにるん レア
とっても おしゃべりずき♪	ぷにみしりするけど みんなとなかよくなりたい	ごきげんだと おすしに へんしん！	おこりっぽいけど ねは やさしい！	にんじん だいすき♥ まけずぎらい！	すごくはずかしがりやさん ひかりは みんなをげんきにする	しあわせのゆみやで みんなを ポジティブに する	ぷにるんずたちも なまえは しっているが みたことが ない

ぺあるん	でびるん	はぴるん	ばけるん	とげるん	ぴかるん	ぷるるん	わふるん
ゆるゆるぼんやりするのが すき♥	すべて「えんじぇるん」とまぎゃくのことをする	こっそりと ハッピーを とどける！	こわがりなのに おどろかすのがすき♪	とげとげ あたまの いたずらっこ！	まじめで ものしり！ べんきょうが だいすき♥	おだやかで とても おとなしい！	むっとした かおだけど おとぼけ!!

ねるるん	ほいるん	ぷりるん	むにゃるん	ぱふぇるん
のんびり すごすのが ここちいい♪	しっかりものに みえて わすれんぼう！	わがみちを いく ロックずき♪	いつも ねむそうなのが かわいい！	さみしがりやの かまってちゃん！

キャラクターは 60しゅるいいじょう！

こたえ

いつものへや

シャボンだまのへや

スイーツテーマのへや

ぷにともつーしん

シークレットルーム

ミニゲーム～ホイップスイーツ～

ミニゲーム～ぷにっとジャンプ～

にんげんのせかいへ!?